AF224668

CHÉLONIS

LÉGENDE GALLO-GRECQUE

PAR E. COUGNY

Lue à la séance solennelle annuelle de la Société des Sciences morales, des Lettres et des Arts, de Seine-et-Oise

LE DIMANCHE, 13 MAI 1860,

A L'HOTEL-DE-VILLE DE VERSAILLES.

Sujet tiré des *Erotiques* de Parthénius de Nicée, ch. VIII.

VERSAILLES

IMPRIMERIE D'AUGUSTE MONTALANT

6, Avenue de Sceaux, 6.

—

1860.

CHÉLONIS

LÉGENDE GALLO-GRECQUE (1).

———

I

La fête lentement s'éteint : ainsi la joie
Sur un jeune visage où l'âme se déploie,
En fuyant, laisse encor s'épanouir des fleurs...
— La fête n'aura pas un lendemain de pleurs !...
Quel charme en son déclin ! comme elle danse encore,
La main pressant la main, sous l'yeuse que dore
Les longs rayons penchés dans les voiles du soir !...
Mais plus d'une et plus d'un, deux à deux, vont s'asseoir
Déjà, loin de la foule ; et l'on cause à voix basse.
Un murmure d'amour avec la brise passe, —

(1) Sujet tiré des *Erotiques* de Parthénius de Nicée, ch. VIII.

La brise qui ravit, légère, dans son vol,
A la fleur son parfum, son chant au rossignol,
Au cœur les vagues sons que la bouche soupire,
Alors que, sans parler, on a tout à se dire !....

Là-bas, dans le lointain, que dit l'écho des bois ?
Quels sont ces mots pareils aux accords du haut-bois ?
L'oreille, en s'emplissant de leur pure harmonie,
Reconnaît les chansons de la molle Ionie,
Les chansons du vieillard qui ne reçut des Dieux,
Durant quatre-vingts ans, que des jours radieux !

Tous les ans, brune hirondelle,
Tu reviens, hôte fidèle,
Suspendre à mon toit ton nid.
Puis, quand l'âpre hiver arrive,
Tu t'enfuis vers une rive
Où l'été point ne finit !

Tel, à la saison nouvelle,
L'amour vint, hôte fidèle,
Son nid en mon cœur bâtir :
La maison de sa couvée
Pleine bientôt s'est trouvée :
Il n'a plus voulu partir !...

Petit amour vient d'éclore :
Un autre en l'œuf vit encore
Ou s'en échappe à demi...
— Oh ! la folâtre famille
Qui rit, qui jase et fourmille,
Où pas un n'est endormi !

Les petits de la nichée
Des grands prennent la béchée ;
La troupe grossit toujours !
— Que devenir ? Ah ! moi-même
Le sais-je encor ? J'aime, j'aime !
Mon cœur est un nid d'amour !... (1)

Ainsi chante gaîment sous la verte feuillée,
En tenant à sa voix toute oreille éveillée,
La belle Chélonis, la brune au teint de lait,
Le lys suave et pur des jardins de Milet.
Du doux Anacréon Chélonis tient la lyre ;
Elle aime à s'égarer en cet heureux délire,
Où l'aimable poëte ouvrait en souriant
L'aile de sa pensée aux souffles d'Orient.
Chélonis sait aussi les touchantes histoires
Et les contes piquants tout remplis des victoires
De l'amour, — les récits auxquels chacun se plaît,
Et qu'on nomme déjà les *Fables de Milet*.

Son enfance a vécu de ces riants mensonges,
Et trop souvent, depuis, elle s'est vue en songes
Passant les mers, avec quelque prince inconnu,
Mais plus beau que le jour, et tout exprès venu
Pour l'emmener bien loin, bien loin, à mille lieues,
Par delà l'horizon de ses collines bleues...
Elle a rêvé souvent palais aux dômes d'or,
Bosquets pleins de mystère, où l'on aime, où l'on dort,
Où l'on laisse sa vie, ô volupté suprême !
Fleur au milieu des fleurs, s'effeuiller d'elle-même,
Et s'en aller... au gré de tous ces flots charmants
Qu'on appelle plaisirs, amours, enchantements !...

(1) Traduction d'Anacréon.

Et pourtant Chélonis est épouse ; elle est mère !
Mais tout devoir pour elle est tyran ou chimère :
Elle en rit ou détourne avec ennui les yeux...
— Ses beaux yeux, où se peint l'azur changeant des cieux,
Comme l'onde sont doux et douteux comme l'onde...
Et son petit enfant, amour à tête blonde,
N'en a tiré jamais un de ces longs regards,
Par qui du monde, au loin, embrassant les hasards
Une mère y choisit la place qu'elle nomme,
Où doit s'épanouir son frêle enfant fait homme...

Et l'époux ! c'est Xanthos, le célèbre rhéteur,
Rhéteur, mais non de mots ridicule apprêteur !...
De la grande éloquence il s'est fait l'interprète.
Quand il parle, sa voix à tous donne une fête ;
De ses doctes leçons cent disciples épris,
Sous lui, des beaux discours se disputent le prix.
Xanthos, depuis vingt ans, épanche dans ces âmes
Des nobles passions les généreuses flammes,
Et, pour payer ses soins, une large moisson
De richesse et de gloire a rempli sa maison...
Un jour, il avait vu la pensive sirène,
Et dès lors de son cœur Chélonis fut la reine.
Trois fois a reverdi la saison des amours
Depuis qu'à Chélonis il a voué ses jours ;
Et croyant l'enlever au ciel menteur des rêves,
A la soif d'inconnu qui la brûle sans trêves,
Il verse, il verse à flots les fêtes, les plaisirs...
— L'enivrante liqueur enflamme les désirs !

II

Alerte ! l'ennemi !... Dans l'ombre le fer brille.
Les longs chuchottements errants sous la charmille
Se taisent. Plus de danse : on crie, on court, on fuit...
Mais quel est l'étranger qui, pas à pas, sans bruit,
Glissant, comme un serpent, parmi les hautes herbes,
Dans ce beau champ de fleurs prend les plus belles gerbes ?
Comme aux jours du Chaos, est-ce un peuple géant
Qui de la terre encor quitte le sein béant,
Et, pour vaincre les Dieux que son audace raille,
Escalade du ciel la plus haute muraille ?
Jamais guerriers si grands n'ont paru sur ces bords :
Milet n'en vit jamais arriver dans ses ports,
Où viennent, repliant leur aile vagabonde,
S'abriter les vaisseaux des quatre coins du monde.
Nul ne sait, en ces lieux comment ils sont venus.
Le veilleur, l'œil fixé sur ces flots bien connus,
Aux derniers feux du jour, aux lueurs des étoiles,
Sur l'horizon n'a vu monter aucunes voiles...

Mais voici des guerriers volant de toutes parts.
Sur les ports, dans les champs, sous les larges remparts
Leur foule au loin s'élance ; et les noires vallées,
Antres profonds, grands rocs, forêts échevelées,
S'illuminent soudain de cent flambeaux, d'éclairs
Qui du fer irrité jaillissent dans les airs.
On demande aux échos l'auteur de tant d'alarmes,
Et chacun veut du sang pour payer tant de larmes,

Larmes d'épouse aimée, ou de fille, ou de sœur,
Qu'il faut, en les vengeant, reprendre au ravisseur.
Mais rien ! l'on ne voit rien ! Sur les monts, dans les plaines
On n'ouït que le vent dont les folles haleines
Voltigent, en riant, aux pentes du Latmos,
Ou pleurent en mourant à travers les rameaux.

Pourtant, parmi ce souffle et ces jeux de la brise,
Et les rauques sanglots de la mer qui se brise,
L'oreille put saisir quelques bizarres sons,
Comme des cris d'effroi mêlés à des chansons ;
Et si, courant plus loin, le long de ces rivages,
On eût bravé la mer et les écueils sauvages
Où suspendent leur aire, ensemble ou tour à tour,
Tous deux oiseaux de proie, et pirate et vautour,
Peut-être on eût pu voir d'une anse où le flot gronde,
Partant comme la pierre échappée à la fronde,
Quelque bizarre esquif, comme un trait alongé,
Couper l'onde où son flanc est à peine plongé,
Et, sans faire gémir les eaux calmes qu'il foule
Vers le sombre occident s'enfuir avec la houle...

III

Enfin paraît le jour, mais ses rayons sereins
Hélas ! à plus d'un cœur, laissent ses noirs chagrins,
Et du ciel réjoui dissipent les ténèbres,
Sans percer des douleurs les nuages funèbres.
Ainsi, comme un esclave au joug du sort plié
Xanthos, heureux hier, aujourd'hui fait pitié.
Immobile, il est là, couché sur le rivage,
Et son esprit se perd au désert du veuvage.

Sans rien voir, son regard, à l'horizon des mers,
Plonge ainsi que son âme, en des gouffres amers ;
Et quand le soleil tombe, et quand renaît l'aurore,
Il appelle, à longs cris, l'épouse qu'il adore.
Déjà, comme un vaisseau que bat l'ouragan noir,
Il voulait, se livrant au vent du désespoir,
Mourir... La mer semblait l'appeler ; loin des grèves,
Dans la brise et les eaux l'emportaient de doux rêves,
Où Thétis lui rendait, dans un asile sûr,
Sa belle Chélonis, nymphe aux cheveux d'azur.

Mais pour lui, ses amis, oubliant leur souffrance,
A cette âme troublée apportent l'espérance.
Aux cruels ravisseurs quelques mots échappés,
Mots muets qui d'abord ne les ont pas frappés,
— Avec la haute taille et les larges épaules, —
Rappellent ce qu'on dit des fiers enfants des Gaules.
— « Réveille-toi, Xanthos ! aux dévorants soucis
Ne livre pas tes jours par le deuil obscurcis.
Sous le poids du chagrin languit l'âme froissée.
Réveille-toi ! Marseille est fille de Phocée.
Phocée est notre sœur, et sur les bords gaulois
Elle a porté des Grecs et les mœurs et les lois.
Va ! tu n'y seras pas sur la terre étrangère ;
Pars ! les vents seront bons à la poupe légère
Qui t'appelle, et pour toi mord le flot écumant.
Pars ! à des cœurs amis jamais l'espoir ne ment ! »

Ils disent ; sur les traits de l'époux un sourire,
Dans ses yeux un rayon de bonheur semblent dire
Qu'à l'amour l'espérance a rendu la raison.
Il presse dans ses bras ses amis ; sa maison
Le revoit... il confie aux serviteurs fidèles
Son cher petit oiseau qui n'a pas encor d'ailes,

Et, penché sur le nid où dort le tendre enfant,
Il lui laisse une larme, un baiser triomphant.
La moitié de son âme !... il porte l'autre à celle
Qui de l'amour y mit la divine étincelle,
Et puis, pour le barbare, il ramasse un trésor
Tout son bien, la rançon, mille statères d'or !

Il part, et trente fois le soleil, sur les ondes,
Le vit, cherchant des yeux dans leurs brumes profondes,
Interrogeant la nue et les vents, croyant voir
Toujours poindre la rive où vole son espoir !
Ainsi passent Naxos qu'un Dieu puissant protège,
Paros, blonde Oréade aux longs voiles de neige ;
Oléare, Mélos et ses vergers fleuris,
Et l'île de Vénus, Cythère aux doux abris,
Et le Péloponèse et ses grands promontoires,
Et l'antique Sicile avec ses cîmes noires...
De Scylla le vaisseau brave les chiens hurlants,
Et fuit, silencieux, Caprée et ses rocs blancs
Où s'assied la sirène aux chansons décevantes.
Mais que font à Xanthos ces voix, ces épouvantes,
Cyrnos, nid d'alcyons caressé par les flots,
Pirates, mer grondante, effroi des matelots,
Et les bords parfumés de l'heureuse Italie ?
Son cœur ne peut ouïr qu'un seul nom : Massilie !...

IV.

Massilie ! a crié le pilote debout.
A ce nom, de Xanthos le sang s'allume et bout.

Oui, voilà Massilie et la terre des Gaules ;
Les pâles oliviers, les noirs chênes, les saules,
Verte écharpe flottant sur ce robuste sein
D'où chaque jour s'élance un belliqueux essaim.
Tout est là pour Xanthos ; car là s'ouvre la voie
Par où son âme peut revenir à la joie,
Se reprendre à la vie, au bonheur, à l'amour...
A peine chez son hôte il s'arrête un seul jour,
— Le temps de s'informer des chemins qu'il faut suivre. —
Déjà plus d'un guerrier à la barbe de cuivre,
Aux yeux bleus, au teint blanc, fils des grandes forêts,
Que le désir de voir semble amener exprès,
A son impatience a donné quelque indice.
— Des Celtes, gens de mer, (que le ciel les maudisse !)
Après être partis pour un pays lointain,
Ont reparu naguère apportant pour butin
Des femmes que vendit bientôt leur troupe avare.
Un seul d'entre eux, leur chef, que l'on nommait Cavare,
Garda celle, dit-on, que lui donna le sort,
Et reprit, l'emmenant, sa route vers le Nord...
Sur un grand fleuve il fait sa demeure ordinaire.
Il est riche, il est fort ; son peuple le vénère...
C'est tout ce que l'on sait. — Sur ces renseignements
Bien vagues, Xanthos part, le cœur plein de tourments.
Il traverse des monts, il traverse des plaines,
De grands bois, des cités boueuses, toutes pleines
D'armes, d'objets confus, venus de tous pays,
Livres, trépieds, dieux grecs qui semblent ébahis,
Tremblants, pleurer tout nus sous ce soleil humide.
Partout il interroge et rien ne l'intimide,
Car sa force s'anime au souffle de l'amour.
Il se dirige enfin vers la plage où le jour
Meurt en s'enveloppant d'un linceul de lumière ;
Où dans l'Océan sombre une large rivière
De ses ondes d'azur qu'elle roule à pleins bords,
Comme une urne sans fond, épanche les trésors,

Et mieux que le ruisseau bourbeux qui baigne Rome,
Un jour méritera que le monde la nomme
Le fleuve-roi, la Seine ! — Alors de verts îlots,
Comme de longs esquifs se miraient dans ses flots,
Et semblaient, se pressant vers la vaste embouchure,
Attendre, pour leur vol, une haleine plus sûre...

V.

Dans un de ces îlots vêtus d'herbe et de fleurs
Cavare demeurait, et jamais des malheurs
Les coups n'avaient atteint le jeune aigle en son aire.
Comme il était vaillant, il était débonnaire :
Chacun l'aimait. Sans cesse au barde aimé des dieux
Les jeunes demandant ses exploits merveilleux,
Se faisaient expliquer longuement les trophées
Suspendus tous les ans au grand chêne des fées,
Et voulaient, fiers coursiers, du pied battant le sol,
Vers les combats aussi déjà prendre leur vol.
Ce jour-là, de la gloire ayant atteint le faîte,
Aux siens, pour son retour, il donnait une fête,
Et tous ses compagnons, venus dès le matin,
Déjà s'étaient rangés aux tables du festin.
Cavare au milieu d'eux allait s'asseoir lui-même :
L'on annonce soudain qu'un homme, le front blême,
Les habits tout poudreux, de fatigue épuisé,
Cœur haut, mais qui semblait par la douleur brisé,
Demandait à parler au noble chef. — « Qu'il entre !
Les Gaulois ne sont pas des tigres dans leur antre !
Dit-il, et l'étranger chez eux est bien venu,
Quel que soit son pays ! » A ces mots l'inconnu

Paraît, l'œil inquiet, parcourt la vaste salle
Et, voyant un guerrier de taille colossale,
Debout, il reconnaît le maître, et devant lui
Courbant, sans l'avilir, son front chargé d'ennui,
Fait comprendre qu'il parle une langue pareille
A celle des colons de la riche Marseille.
Le Gaulois, qui souvent a vendu dans ce port
Son butin, ce tribut que doit le faible au fort,
Savait le doux parler des enfants de la Grèce.
Mais d'un seul mot Xanthos révèle sa détresse :
« Chélonis ! » et des pleurs jaillissent de ses yeux.
Le chef lui prend la main, le rassure, et pour mieux
De son hôte adoucir l'affreux doute, il ordonne :
La captive aussitôt qu'un long voile environne,
S'avance, blanche étoile en un ciel désolé ;
Du Gaulois à Xanthos son regard a volé,
Et son cœur a suivi son regard....., et l'épouse
Savoure de l'époux la tendresse jalouse.
— « C'est bien ! » a dit le chef, écartant de son front
Un nuage, « c'est bien ! vos muses chanteront
Ces fidèles amours... A vos noms puissent-elles
Associer mon nom, ces chansons immortelles !...
Au festin du barbare asseyez-vous tous deux :
Un si beau jour est rare en nos jours hasardeux !... »
Xanthos presse la main qui vient chercher la sienne ;
Et, comme si déjà d'une chaîne ancienne
L'amitié les liait, l'un près de l'autre assis,
Le Grec et le Gaulois faisaient de longs récits.
Le repas achevé, les esclaves, par groupes,
Des perles d'un vin vieux vont couronner les coupes.
Alors, le cœur joyeux, sans crainte, sans soupçon,
Xanthos de son bonheur veut payer la rançon.
— « Prenez, dit-il au chef, dont le front se colore,
« Prenez, tout est à vous ; je vous dois plus encore.
« Pour prix de vos bontés, rien que cet or, c'est peu !
« Puissé-je m'acquitter un jour ! J'en fais le vœu. »

Cavare d'un coup-d'œil embrasse l'assemblée :
— « Non ! » répond-il, « c'est trop ! » Et d'une voix troublée :
— « Fais quatre parts : Xanthos, l'une sera pour toi ;
« Deux autres pour ta femme et ton enfant... pour moi
« La dernière... Demain, vers ta chère patrie
« Tu t'en iras. » Il dit, et son âme assombrie
Se tait. Déjà la nuit invite au doux sommeil,
Et Xanthos doit partir au lever du soleil.

VI.

Il dort. D'un noir manteau l'île est enveloppée.
Chélonis veille encor ; morne, préoccupée,
On dirait que, dans l'ombre, elle suit vaguement
Quelque démon qui fuit, formidable et charmant.
Oh ! qui pourrait savoir quel fut ce fatal rêve ?...
Près du fleuve, avant l'aube, elle est là qui l'achève.
Et bientôt le Gaulois qu'elle a fait avertir,
Accourt, croyant la voir déjà prête à partir...
Il s'arrête étonné, lorsque, seule, il la trouve
Pâle, inerte, avec l'œil effaré de la louve...
— « Et Xanthos ? » lui dit-il. Mais elle : — « Je le hais !
Il t'a menti, le lâche ! et près de lui jamais
Je n'userai mes jours... » Et sa bouche raconte
En quelques mots confus, harcelés par la honte,
Que le Grec, abusant du Barbare au cœur d'or,
Avait dissimulé la moitié du trésor
Qu'il apportait... Et puis, la poitrine oppressée,
Elle attend que le chef réponde à sa pensée...
Mais lui, l'on dit qu'alors muet, regardant l'eau
Et l'aube blanchissant son mobile tableau,

Un moment il suivit ces flots clairs et sans nombre,
Dont le sourire pur cachait un gouffre sombre,
Et partit lentement sans retourner les yeux.

VII.

Cependant le jour luit : c'est l'heure des adieux.
Mais le chef à Xanthos emmenant sa compagne :
— « Ami, dit-il, permets qu'un ami t'accompagne.
« C'est quand tout dort en paix que rôde le danger :
« Il faut que le chien veille à défaut du berger...
« Allons ! la route est longue... » Ils partent, le jour passe.
Et quand, le lendemain, le soleil dans l'espace,
Comme un vaisseau de feu sur un océan d'or,
Immense, éblouissant, déjà prend son essor,
— « Aux dieux bons, dit Cavare, offrons un sacrifice,
« Avant qu'à l'amitié ce départ te ravisse.
« Ce lac aux eaux d'azur limite nos forêts... »
Ils ont bientôt fini tous les pieux apprêts
Et conduit vers la pierre où le vin pur s'épanche,
Sous son vert chaperon, la brebis toute blanche.
Là, le Gaulois, debout près du sanglant dolmen,
Invitant Chélonis à toucher de la main,
Selon le rit sacré, la tremblante victime,
Soudain s'est écrié : « Souviens-toi de ton crime ! »
Et de l'éclair qui sort du long fourreau d'argent
Il frappe sur l'autel la femme au cœur changeant.
Puis entraînant l'époux dont la raison s'égare :
— « N'accuse pas, dit-il, de sa mort un barbare !
« Elle te trahissait, et son indigne amour
« Contre toi, dans mon âme, a voulu sans retour

« Faire sourdre la haine!... » Et sa voix grave et forte
Raconta l'artifice inventé par la morte.
Et du grand lac désert son doigt désignant l'eau
Dont le soleil dorait le mobile tableau :
— « Ces flots, murmura-t-il, ces flots doux et sans ombre,
« Sous leur sourire pur cachent un gouffre sombre!... »

VIII.

O bon Parthénius, qui peut-être devins
Le maître, à ton insu, des plus rares devins ;
Vieux et naïf conteur qui formas des poètes,
Pour redire après toi ces douleurs et ces fêtes,
Il faudrait de vos jours à jamais révolus
Évoquer ton Virgile, évoquer ton Gallus !
Ou, comme eux, il faudrait, d'une ardente pensée
Pouvoir au loin poursuivre, en sa fuite insensée,
Lycoris, aux doux prés, aux clairs et frais ruisseaux
Préférant les frimas et les tristes roseaux
Où quelque fleuve morne enveloppe son onde.
Il eût fallu, comme eux, de l'âme vagabonde
Ou pleurer, ou subir les caprices trompeurs,
Ces feux-follets traînant un voile de vapeurs,
Et livrer la raison, en leurs piéges tombée,
Aux séduisants périls que chante Amphésibée.